Dieses Buch gehört

....

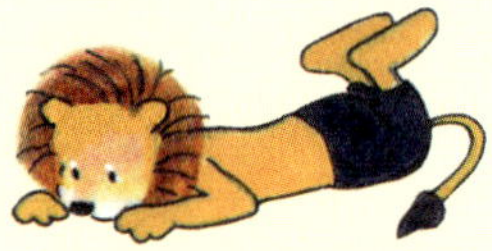

Liebe Eltern,

wir wollen Ihr Kind beim Lesenlernen unterstützen, und zwar mit Geschichten, die Spaß machen.

Unsere Bücher mit dem liebenswerten Leselöwen begleiten Ihr Kind durch die 1. Klasse. Sie enthalten eine spannende Geschichte mit einfachen Sätzen und gut lesbarer Schrift. Viele bunte Bilder sorgen für Lesepausen und helfen, die Geschichte zu verstehen. Mit den Aufgaben zum Text kann Ihr Kind selbst prüfen, ob es den Text richtig verstanden hat. Zu den markierten Wörtern warten am Ende des Buches spannende Fakten und in unserem Onlineportal finden Sie viele weitere Extras!

So wird Ihr Sohn oder Ihre Tochter zum echten Leselöwen!

Ihr

Leselöwe!

Leselöwen

Anna Taube

Der kleine Seehund findet einen Freund

Illustriert von Imke Sönnichsen

Loewe

www.leseloewen.de

FSC
www.fsc.org
MIX
Papier aus verantwortungsvollen Quellen
FSC® C109273

ISBN 978-3-7855-8966-3
1. Auflage 2018

Umschlag- und Innenillustrationen: Imke Sönnichsen
Umschlaggestaltung: Michael Dietrich
Vignetten Leselöwe: Angelika Stubner
Printed in Poland

www.loewe-verlag.de

Inhalt

Seehund sucht Fisch 8

Im Sturm 14

Hilfe, Wale! 20

Gerettet! 32

Seehund sucht Fisch

Liv und Fiete **Seehund**
liegen am Strand.
Die Sonne scheint
warm auf ihr Fell.

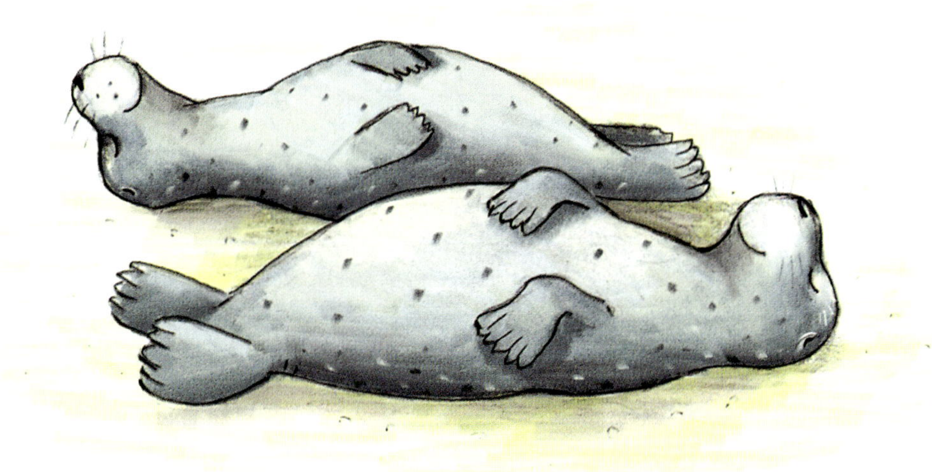

Aber Liv hat Hunger.
„Ich fang mir was“,
sagt sie zu Fiete.
Liv gleitet ins kühle Meer.

Oh, da schwimmt
ein ganzer Schwarm Heringe.
Einen wird Liv fangen!

Die Fische sind schnell.

Sie tanzen auf und ab.

Aber Liv ist schneller.

Haps!

Liv taucht wieder auf.
Ui! Der Strand ist
aber weit weg.
Fiete ist ganz klein!

Und plötzlich wird
der Himmel tiefschwarz.
Ein Sturm zieht auf!

Im Sturm

Die Wellen sind meterhoch!
Sie werfen Liv
hin und her.

Liv hat Angst.

Große Angst!

Aber sie schwimmt tapfer

gegen die Wellen an.

Auf einmal

legt sich der Sturm.

Jetzt ist alles wieder still.

Alles wieder gut. Oder?

„Mein Strand ist weg“,
flüstert Liv erschrocken.
Keine Möwen, kein Fiete.
Nur Wasser. Tiefes Wasser!

Liv weint.

Sie will zu Fiete.

Sie will zum Strand.

„Warum weinst du?“,
fragt da jemand.
Es ist ein großer Wal!
„Hilfe!“, schreit Liv auf.

Hilfe, Wale!

„Hab keine Angst.
Ich fresse keine Robben.
Ich bin Butje, der **Schweinswal**.
Also, warum weinst du?“

„Mein Strand ist weg“,
klagt Liv. Sie schnieft.
Aber Butje grinst!

„Der Seehund-Strand?
Den kenne ich“, sagt er.
„Komm, ich bringe dich hin.
Ich finde den Weg.“

Und wirklich!
„Klick-klick!“, macht Butje
und schwimmt zielstrebig
durch das trübe Wasser.

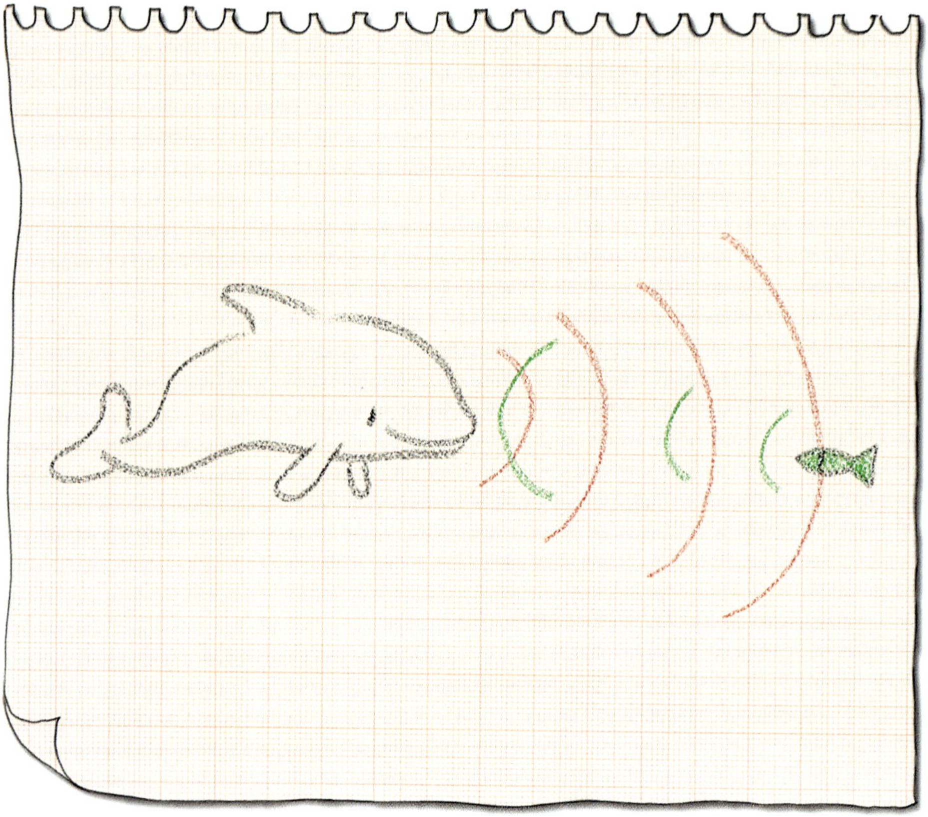

„**Echo-Ortung**!“, sagt Butje.
„Haben alle Wale.
Klick-klick“, macht er wieder
und schwimmt weiter.

Nur zum Luftholen
tauchen sie auf.
„Sind wir bald da?“,
fragt Liv.

Aber Butje sagt nichts.

Er hat etwas geortet. Gefahr!

„**Orcas**“, flüstert er.

Orcas fressen Seehunde.

Und sogar Schweinswale.

Nichts wie weg!

Da sind sie! Drei Orcas!

Sie kommen immer näher!

Sie sind riesig!

Liv schwimmt schnell.

Aber sie kann nicht mehr.

Butje zieht sie mit.

„Halt durch“, keucht er.
„Ins flache Wasser
trauen sie sich nicht.
Sie sind zu groß.“

Die Orcas umzingeln sie!

Einer reißt das Maul auf.

Schnell ins flache Wasser!

Gerettet!

Plötzlich hört Liv etwas.
Da bellen doch Seehunde
und platschen ins Wasser!

Das sind Fiete
und die anderen Seehunde.
Am sicheren Strand
machen sie Riesenrabatz!

Die Orcas gucken doof.

Bei dem Krach vergeht ihnen

Hören und Sehen:

Ihre Echo-Ortung versagt!

„Mist“, knurren sie.

Und hauen ab.

„Juhu!“, jubelt Liv
und umarmt Butje.
Sie sind gerettet!
„Danke“, flüstert Liv.

Da kommen auch
die anderen Seehunde.
Glücklich umringen sie
Liv und ihren Freund Butje.

Wenig später ist Liv froh,
wieder mit Fiete
am Strand zu liegen!

„Bis bald, Butje!“, sagt sie.
Butje wackelt mit der **Finne**.
„Bis bald, Liv!“, ruft er
und taucht ab.

Fragen und Antworten

1. Welches Tier fängt Liv? Kreise ein.

Antwort: Hering

2. Was für ein Tier ist Butje? Kreuze an.

- [ ] Orca
- [ ] Schweinswal
- [ ] Kuhwal

Antwort: Schweinswal

3. Wohin bringt Butje Liv zurück? Trage die fehlenden Buchstaben ein.

SEE_UNDST_AND

Antwort: Seehundstrand

4. Wer verfolgt Butje und Liv? Finde das Wort im Buchstabengitter.

R	O	T	L	O
O	M	I	B	R
B	A	D	S	C
I	N	L	O	A
N	E	F	X	S

Antwort: Orcas

5. Was machen die Seehunde, um Butje und Liv zu helfen? Bringe die Silben in die richtige Reihenfolge.

R I E R A B A T Z S E N

Antwort: Riesenrabatz

Schon gewusst?

Seehund (Seite 8):
Seehunde sind eine Robbenart. In Deutschland findet man sie vor allem an der Nordseeküste, in der Ostsee leben nur wenige Seehunde. Junge Seehunde ernähren sich von Krebsen und anderen kleinen Meerestieren, ausgewachsene Seehunde fressen nur noch Fische.

Schweinswal (Seite 20):
Schweinswale sind mit den Delfinen verwandt. Sie leben in Gruppen von bis zu zehn Tieren zusammen. Diese Gruppen nennt man „Schulen“. Untereinander kommunizieren sie mit Klick- und Pfeiftönen.

Echo-Ortung (Seite 24):

Mit der Echo-Ortung orientieren sich Wale. Sie machen ein Geräusch und können am Echo hören, wo die Schallwellen auf ein Hindernis getroffen sind. Das kann eine Sandbank sein, ein Felsen im Meer oder auch ein Beutefisch.

Orcas (Seite 26):

Orcas sind die größte Delfinart. Sie werden bis zu zehn Meter lang, also fünfmal so groß wie Schweinswale.

Wegen ihrer auffälligen, großen Finne nennt man sie auch Schwertwale.

Finne (Seite 39):

Die Rückenflosse der Wale und Haie nennt man Finne.

Blättere schnell um und trage die blauen Buchstaben in der richtigen Reihenfolge in die Kästchen ein!

Anna Taube, 1976 geboren, arbeitet als freie Autorin und Übersetzerin. Sie wohnt mit ihrer Familie im idyllischen Bad Rodach, wo es so friedlich ist, dass sich Fuchs und Hase Gute Nacht sagen. Vermutlich mag sie deswegen Geschichten über Tiere so gern.

Imke Sönnichsen wurde 1970 in Nordfriesland geboren und zeichnete schon als Kind gerne. Nach der Schule studierte sie in Mainz Grafik-Design mit dem Schwerpunkt Illustration. Sie arbeitet für zahlreiche Kinder- und Jugendbuchverlage und viele ihrer Bücher wurden mit Preisen ausgezeichnet. Sie lebt mit ihrer Familie in Aachen.

Das Leselöwen-Lösungswort

Besuche den Leselöwen auf
www.leseloewen.de und trage
die farbigen Buchstaben
von den Seiten *Schon gewusst?*
in der richtigen Reihenfolge
in die magische Box ein.

Wenn du das Lösungswort
gefunden hast, kommst du auf
die geheime Seite mit vielen
weiteren Spielen und Rätseln!

Der Leselöwe freut sich auf dich!